AF358174

18 Mai 1909

VENTE VOLONTAIRE APRÈS DÉCÈS

HOTEL DROUOT, SALLE Nº 4

Le Mardi 18 Mai 1909

A DEUX HEURES

TABLEAUX

ANCIENS ET MODERNES

AQUARELLES — GRAVURES

Faïences et Porcelaines, Biscuits

MEUBLES ANCIENS

PENDULES ANCIENNES

OBJETS DIVERS

Mᵉ E. BOUDIN

COMMISSAIRE-PRISEUR

14, rue Grange-Batelière

MM. R. BLÉE et ROUGEYRON

EXPERTS

34, rue de la Victoire

EXPOSITION PUBLIQUE

Le Lundi 17 Mai 1909, de 2 heures à 6 heures

CONDITIONS DE LA VENTE

La vente sera faite au comptant.

Les adjudicataires paieront *dix pour cent* en sus des enchères.

L'exposition mettant le public à même de se rendre compte de l'état et de la nature des objets, *aucune réclamation* ne sera admise une fois l'adjudication prononcée.

Paris. — Imp. de l'Art, CH. BERGER, 41, rue de la Victoire.

DÉSIGNATION

TABLEAUX
ANCIENS ET MODERNES

BEAUBRUN

1 — *Portrait de femme.*

> Représentée de trois quarts, en corsage de satin blanc décolleté, recouvert avec une fourrure jetée sur les épaules, elle est parée d'un collier, de boucles d'oreilles et de bijoux, perles fines.
> Beau portrait de tonalité fine et délicate.
> Toile ovale.

DELARIVE

2 — *La Ferme.*

3 — *L'Arrivée du courrier.*

> Compositions animées, dans des paysages avec cours d'eau, moulin, etc.
> Signés et datés : *1771.*
> Panneaux. Haut., 45 cent.; larg., 54 cent.

ÉCOLE ALLEMANDE

4 — *Paysans au marché.*

5 — *L'Hôtesse et le Cuisinier.*

> Deux petites compositions inspirées des gravures d'Albert DURER.

Panneaux. Haut., 14 cent. 1/2; larg., 9 cent. 1/2.

ÉCOLE FLAMANDE

6 — *Descente de croix.*

> Panneau. Larg., 58 cent.; haut., 73 cent.

ÉCOLE FRANÇAISE (XVIIe siècle)

7 — *Portrait de magistrat.*

> Toile. Haut., 62 cent.; larg., 50 cent.

VAN GOYEN (Attribué à)

8 — *Marine.*

> Panneau. Haut., 59 cent.; larg., 82 cent.

ÉCOLE HOLLANDAISE

9 — *Le Chasseur.*

> Panneau. Haut., 27 cent.; larg., 72 cent.

ÉCOLE ITALIENNE

10 — *Les Anges.*

11 — *Sujet biblique.*

Deux pendants.

> Toiles. Haut., 54 cent.; larg., 64 cent.

ÉCOLE DE RUBENS

12 — *Portrait de femme âgée.*

Représentée de profil, la tête recouverte d'un voile, corsage noir et étole de fourrure.

Toile. Haut., 46 cent.; larg., 3o cent.

ÉCOLE DE RUBENS

13 — *La Conversion de saint Paul.*

Panneau. Haut., 74 cent.; larg., 1 m. 5 cent.

ÉCOLE DE RUBENS

14 — *L'Adoration des rois Mages.*

Panneau. Haut., 75 cent.; larg., 1 m. 10 cent.

LEMOINE (D'après)

15 — *Persée délivrant Andromède.*

Panneau décoratif sur toile.

Haut., 1 m. 24 cent.; larg., 91 cent.

MAES (Attribué à Nicolas)

16 — *Portrait de Jeune Fille.*

Panneau ovale; cadre ancien en chêne sculpté.

TIÉPOLO (Attribué à)

17 — *Tête de Madeleine.*

Toile. Haut., 63 cent.; larg., 48 cent.

HUYSUM (Attribué à Van)

18 — *Bouquets de roses, dahlias, etc.*

Toile. Haut., 49 cent.; larg., 47 cent.

APOL (Louis)

19 — *Moulin en Hollande. Effet de neige.*

Panneau. Haut., 88 cent.; larg., 48 cent.

DORÉ (Gustave)

20 — *Intérieur à la campagne.*

Toile. Monogramme : *G. D.*

Haut., 37 cent.; larg., 45 cent.

KLINKENBERG

21 — *Maisons au bord d'un canal en Hollande.*

Panneau. Haut., 45 cent.; larg., 54 cent.

LONGUEVILLE (U.)

22 — *Chemin en forêt.*

Toile. Haut., 73 cent.; larg., 29 cent.

NOOTEBOEM (J.-H.-J.)

23 — *Paysage animé, vue de la Suisse.*

Toile. Haut., 90 cent.; larg, 1 m. 10 cent.

NOOTEBOEM (J.-H.-J.)

24 — *Paysage animé, vue de la Suisse.*

Toile. Haut., 58 cent., larg., 41 cent.

ÉCOLE FRANÇAISE (xixe siècle)

25 — *Paysage.*

Toile. Haut., 26 cent.; larg., 34 cent.

AQUARELLES ET DESSINS

26 — *Grappe de raisin sur un plat de faïence.*

27 — *Fruits.*

ÉCOLE FLAMANDE

28 — *Troupeaux et Bergers.*

PILLEMENT (Attribué à)

29-30 — *Deux Paysages animés.*

Deux pièces.

GRAVURES

31 — ARDELL (Js-Mo). « *Rembrandt's Mother* ».

Estampe en noir.

Haut., 30 cent.; larg., 24 cent.

32 — CLAESSENS (L.-A.). *Bourgeoisie armée d'Amsterdam, 1642.*

Epreuve à la manière noire, d'après le tableau de Rembrandt : « *La Ronde de Nuit* ».

33 — DIXON. « *Rembrandt's from maker* ».

Estampe à la manière noire : *1769.* Publiée par WESSON.

Haut., 47 cent.; larg., 35 cent.

34 — Hodges (C.-H.). *De Scheeps Bouwmeester*, d'après Rembrandt.

> Estampe manière noire : *1802.*

35 — L...rie (?) *Le Marchand de mort aux rats*, d'après Van Ostade.

> Estampe à la manière noire, épreuve d'essai avant la lettre. *10 A. 1772.*
>
> > Haut., 45 cent.; larg , 35 cent.

36 — Pether (W.). *Le Rabbin juif.*

> Estampe en la manière noire, d'après Rembrandt. Toute marge, *1764.*
> Epreuve *avant la lettre* de J. Boydell. Ex.
>
> > Haut., 54 cent.; larg., 38 cent.

37 — *Carolus (Georges-Augustin), prince héritier de Brunswick-Wolfenbuttel.*

> Gravure en couleurs recoupée. Médaillon.

38 — *Frédérique-Louise Wilhelmine, princesse d'Orange-Nassau.*

> Gravure en couleurs recoupée. Médaillon.

39 — *Augusta-Maria-Carolina, princesse Nassau-Weilburg.*

> Gravure en couleurs recoupée. Médaillon.

PORCELAINES, FAIENCES

BISCUITS, OBJETS DIVERS

40 — Groupe, composé d'un berger jouant de la flûte, de six moutons, bélier et d'un chien. Ancienne porcelaine de Saxe.

41 — Statuette : l'« Hiver». Ancienne porcelaine de Saxe.

42 — Statuette de bergère dansant. Ancienne porcelaine de Saxe.

43 — Statuette : « Joueuse de violon ». Ancienne porcelaine de Saxe.

44 — Statuette : « Joueur de trompe. » Porcelaine de Chelsea.

45 — Statuette : l'« Abondance ». Ancienne porcelaine.

46 — Chocolatière tripode à poignée, décorée d'un bouquet de fleurs. Ancienne porcelaine de Saxe.

47 — Pot à lait et théière, décorés de bouquets de fleurs. Ancienne porcelaine de Saxe.

48 — Deux tasses et une soucoupe, décorées de fleurs. Ancienne porcelaine de Saxe.

49 — Tasse droite, décor de rose. Saxe-Marcolini.

50 — Douze figurines : les Mois. Porcelaine de Berlin.

51 — Deux statuettes de berger et bergère. Porcelaine anglaise (?).

52 — Groupe de cinq personnages : « le Souper ». Biscuit.

53 — Deux candélabres, formés chacun d'une figurine assise de berger et bergère tenant un enfant supportant le bouquet de quatre lumières. Porcelaine de Saxe.

54 — Coupe oblongue, décorée au fond d'un amour tenant des attributs guerriers en réserve sur fond caillouté bleu-turquoise ; guirlandes de fleurs à l'épaulement ; marli bleu-turquoise rehaussé de dorure. Ancienne pâte tendre de Sèvres.

55 — Plat à ombilic saillant, décor au diagon parmi les fleurs en bleu sur blanc. Ancienne faïence de Delft.

56 — Beau plat, orné au fond d'un motif décoratif à lambrequins, et enfants supportant des vases, des oiseaux, des coquilles et des fleurs en bleu sur blanc. Ancienne faïence de Delft.

57 — Plaque, représentant une pastorale en bleu sur blanc. Ancienne faïence de Delft.

58 — Autre plaque, représentant le Paradis terrestre en bleu sur blanc. Ancienne faïence de Delft.

59 — Grand plat à bord contourné, décoré au fond d'un bouquet de fleurs. Ancienne faïence de Strasbourg. Signé de *J. Hanong, 98.*

60 — Soupière à anses, décorée de fleurs et son couvercle surmonté d'un citron. Ancienne faïence de Strasbourg. Signée de *J. Hanong, 399.*

61 — Plat à bord contourné, décoré d'un bouquets de fleurs. Ancienne faïence de Strasbourg. Signé de *J. Hanong, 108.*

62 — Vase, décoré d'une scène représentant Diane chasseresse. Ancienne faïence de Delft.

63 — Garniture de deux vases et un cornet, décorés en bleu sur blanc de scènes champêtres. Ancienne faïence de Delft. Signée : *Van Duyn.*

64 — Canette, décorée en bleu sur blanc d'un paon et d'oiseaux dans des paysages. Ancienne faïence de Delft.

65 — Cornet, à renflement central, décoré en bleu sur blanc d'une scène de la vie chinoise. Ancienne faïence de Delft.

66 — Garniture, comprenant une potiche et couvercle, deux vases-bouteilles, décorés en
bleu sur blanc de scènes et de motifs chinois.
Ancienne faïence de Delft.

67 — Quatre assiettes en porcelaine, décorées
d'arbres fleuris. Chine.

68 — Assiette, décorée d'une scène de la vie
chinoise, en bleu sur blanc. Porcelaine de
Chine.

69 — Deux plats oblongs, décor de paysages et
de marine, en bleu sur blanc. Porcelaine de
Chine.

70 — Vase de pharmacie, décor de médaillon
et d'attributs, en ancienne faïence italienne.

70 *bis* — Autre vase décoré d'un médaillon et
d'ornements.

71 — Deux groupes de faunes et bacchantes et
petits faunes. Terres cuites. Signés de
C. Gossin.

72 — Grand plat, décoré au fond d'un médaillon, orné d'une marine et entouré de
feuilles gaufrées. Sous émail.

73 — Grande jardinière, décorée de médaillons
sur fond bleu. Faïence de Nevers, moderne.

74 — Deux assiettes à bord contourné, décor
de fleurs. Ancienne faïence de Marseille.

75 — Corbeille, décor de fleurs et d'oiseau. Ancienne faïence de Moustiers.

76 — Couvercle de soupière, décoré de paysages et surmonté d'un citron partiellement pelé. Ancienne faïence de Delft.

77 — Deux girandoles, formées chacune de deux bacchantes tenant un autel enguirlandé. Biscuit de Sèvres. Signées : *A. B.*

78 — Groupe de Vénus et Cupidon. Ancienne faïence.

79 — Aiguière et plateau en faïence, décor italien.

80 — Sept profils de Frédéric le Grand et de sa famille, sur fond de soie. Cadres à perles en bois sculpté et doré. Époque Louis XVI.

81 — Deux vases à couvercle, décorés d'animaux chimériques et de fleurs. Émail cloisonné de la Chine.

82 — Plaque, décorée en relief d'un combat de cavaliers. Laque de la Perse.

83 — Autre plaque, décorée de cavaliers et de personnages. Laque de la Perse.

84 — Jeu d'échecs en ivoire sculpté.

85 — Porte-aumônière en argent ciselé. Style
Louis XVI.

86 — Châtelaine et porte-montre en argent repoussé.

87 — Pot à tabac, orné de médaillons et de guirlandes, et son couvercle. Étain. Époque
Louis XVI.

88 — Lustre en cristal à huit branches.

89 — Trois verres à pieds balustres en verre
gravé. Allemagne.

90 — *Guide de l'Amateur de tableaux*, par
THÉODORE LEJEUNE, trois volumes reliés,
1864.

BRONZES D'AMEUBLEMENT

ET MEUBLES

.

91 — Pendule à soubassement, orné d'un bas-
relief très finement ciselé, représentant une
fête à Cérès, supportant le cadran, accosté
de deux torses d'enfants jouant de la flûte et
s'appuyant sur un mascaron et deux volutes ;
à la partie supérieure, se trouvent une gerbe
d'épis et les attributs de l'amour. Bronze
ciselé et doré à partie vermeillée.

92 — Pendule à pilastres de marbre blanc décorés chacun d'un médaillon de biscuit ; cadran
accompagné de deux vases Médicis de marbre blanc et surmonté de deux colombes en
bronze ; frises, attributs, pommes de pins,
rinceaux, rangs de perles, raies de cœur en
bronze ciselé et doré. Époque Louis XVI.
Mouvement à grande sonnerie.

93 — Pendule, forme colonne, surmontée d'un
vase fleuri. Bronze ciselé et doré.

94 — Bas-relief en bronze repoussé : La Visi-
tation.

95 — Coffret en bois de palissandre incrusté d'ivoire. xviie siècle.

96 — Cabinet italien, à porte centrale et dix tiroirs décorés de peintures, boutons en ivoire. Support à colonnes en bois noir sculpté, décoré au fond de deux panneaux peints.

97 — Guéridon rond, de forme trépied, en bronze ciselé et doré, à piécettes, rubans enroulement à feuilles d'achante, tablette intermédiaire et dessus en marbre rouge. Style Louis XVI.

98 — Grand meuble, à trois tiroirs dans le soubassement, et ouvrant à deux portes pleines dans le corps du haut ; il est surmonté d'une corniche rompue, ornée au centre d'un vase Médicis à guirlandes. Acajou sculpté à olives, avec rubans, rosaces et pilastres cannelés. xviiie siècle anglais. Entrées de serrures et poignées en cuivre.

99 — Trumeau, orné d'une peinture : jeu d'enfants, et glace à cadre en bois sculpté et doré.

100 — Objets omis.

www.ingramcontent.com/pod-product-compliance
Lightning Source LLC
LaVergne TN
LVHW010837180726
843502LV00009B/3616